学生健康自我成长课程

主　编　季　苹

副主编　涂元玲　　赵雪汝　　杨　玲

我在长大

学习手册

周晓芳　　李晶鑫　　主编

学校：＿＿＿＿＿＿＿＿＿＿＿＿＿＿

班级：＿＿＿＿＿＿＿＿＿＿＿＿＿＿

姓名：＿＿＿＿＿＿＿＿＿＿＿＿＿＿

教育科学出版社
·北　京·

出 版 人　李　东
责任编辑　何　薇
插画设计　张亦伦
版式设计　宗沅书装　吕　娟
责任校对　白　媛
责任印制　叶小峰

图书在版编目（CIP）数据

我在长大学习手册 / 周晓芳，李晶鑫主编 . —— 北京：
教育科学出版社，2022.2（2023.8 重印）
　（学生健康自我成长课程 / 季苹主编）
　ISBN 978-7-5191-2976-7

　Ⅰ.①我… Ⅱ.①周… ②李… Ⅲ.①心理健康 - 健
康教育 - 中小学 - 教学参考资料 Ⅳ.① G444

　中国版本图书馆 CIP 数据核字 (2022) 第 021019 号

学生健康自我成长课程
我在长大学习手册
WO ZAI ZHANGDA XUEXI SHOUCE

出版发行	教育科学出版社				
社　　址	北京·朝阳区安慧北里安园甲 9 号		**邮　　编**	100101	
总编室电话	010-64981290		**编辑部电话**	010-64981277	
出版部电话	010-64989487		**市场部电话**	010-64989009	
传　　真	010-64891796		**网　　址**	http://www.esph.com.cn	
经　　销	各地新华书店				
印　　刷	中煤（北京）印务有限公司				
制　　作	宗沅书装				
开　　本	880 毫米 ×1230 毫米　1/16		**版　　次**	2022 年 2 月第 1 版	
印　　张	5.25		**印　　次**	2023 年 8 月第 2 次印刷	
字　　数	62 千		**定　　价**	36.00 元	

一起享受长大的快乐

亲爱的同学：

你好！

新的学期如约而至。在刚刚结束的这个假期里，你过得好吗？有哪些收获？有没有些许遗憾？又有怎样的精彩想与我们分享呢？相信老师的问题一定令你思绪万千……。作为健康自我成长课的一名"资深学员"，老师还想问你的是：这个假期，你"长大"了吗？

年年岁岁，我们一直在长大。长大，是一个多么吸引人的话题！对此，站在长大的"转角处"的你们，最有发言权。

你想不想长大呢？孩童时的我们常常想快点长大，梦想着不受管束，拥有想干什么就干什么、想去哪里就去哪里的自由。随着长大，我们的想法不再那么简单了：期待长大，但内心"不想长大"的声音也不曾消失。这是为什么呢？让我们跟本书的小主人公一起尽情探索吧！

随着长大，你遇到过困难和挫折吗？当不顺心与失败来临，你可曾沮丧，可曾想过放弃？到底该如何面对困难和挫折？通过本书的学习，你将学会如何拥抱挫折中的自己、关爱平淡中的心灵，如何在自己心里种下一个太阳，怀抱温暖，勇敢前行。

随着长大，你能经常自己做决定吗？面对越来越多的选择，面对家人的期许，刚刚开始学习独立的你，难免不知何去何从。相信学习了"我要做决定"这个单元，这个问题将不再那么困扰你。

其实，长大也意味着更理性、更智慧，因为成长与智慧是密不可分的。而"智慧"并不是简单的"聪明"，智慧来自探索，来自观察、实践、学习与反思。本书将在不断展开的生活图景中，帮助你找到那些珍贵的"智慧种子"，将它们播种在你的内心，让你拥有可以享用一生的大智慧。

说了这么多，你一定跃跃欲试了。那就让我们翻开这本《我在长大学习手册》，共同开启一段新的学习旅程，一起在健康自我成长的世界里尽情徜徉！

爱你的老师

CONTENTS | 目 录

第一单元
想不想长大

第一课时　不想长大

学习目标

1. 体会"不想长大"是对无忧无虑的美好生活的怀念和对困难的回避，是可以理解和接纳的。

2. 体会"不想长大"的心是童心，包含对家人的依恋之心和对世界的好奇之心，感受童心的美好，理解童心将伴随人的一生。

我在长大

经历了一个假期，感觉你又长大了。这学期我们一起学习的主题正是"我在长大"，请你翻到这本书的最前面，读读老师写给你的信吧！

活动一　我不想长大

1. 情景故事

不想长大的小曼

教室里的时钟滴答滴答走着，小曼焦急地一遍遍看表，期盼着快点放学，因为她央求了爸爸好几天，爸爸才答应放学后带她去探望生病住院的妈妈。妈妈已经住院半个月了，在没有妈妈陪伴的日子里，

小曼很难受，她太想念妈妈了，迫不及待想要见到妈妈。

终于放学了，小曼看到等在校门口的爸爸，飞快地跑了过去。随爸爸到病房后，一看到坐在病床上的妈妈，小曼就扑进了妈妈的怀抱，眼泪一下子流了出来。她哭着说："妈妈，您好点儿了吗？您什么时候才能出院回家呀？"妈妈抱紧了小曼说："快了，快了，过两天妈妈就回家啦。""妈妈，您知道我有多想您吗？白天上学时，我会时不时地想您，晚上关灯后，我独自躺在床上，就更加想您了。还有，以前都是您送我上学，现在爸爸送我。爸爸还要忙工作，只能每天早早地把我送到公交站。坐在公交车上，我又困又冷，有一次还差点儿下错了站！""小曼，你都六年级了，要有一些基本的独立生活能力，我这样做也是为了锻炼你。"爸爸在一旁说道。这时，妈妈看到了小曼微微发红的手，紧张地问："小曼，你的手怎么了？"小曼委屈地说："昨天我煮面的时候不小心烫伤了，爸爸回来后给我涂了药。对了，我特别馋妈妈做的红烧肉！"等不及妈妈说话，小曼继续说："妈妈，我好想让您每天都在我身边呀，我有好多事想跟您说呢！"妈妈温柔地对小曼说："小曼，你已经长大了，有些事情可以

第一单元

第二单元

第三单元

第四单元

第五单元

自己做主了。妈妈出院后也得忙工作，不可能总陪着你。你想吃红烧肉，妈妈可以教你做呀。这样，慢慢你就可以独立了。""妈妈，您说得对，但我就想吃您做的，您理解吗？""可是，小曼你现在已经长大了呀。""妈妈，我不想长大。"……

2.讨论

（1）妈妈不在家时，小曼有过哪些情绪？

_____

（2）小曼为什么会产生这些情绪？

_____

（3）小曼不想长大的想法对吗？

_____

（4）你有过不想长大的想法吗？如果有，请你想一想：为什么会有这样的想法？

_____

_____

活动二　大人也不想长大

1. 情景故事

小美爸爸还玩玩具呢

丁零零……，周五放学的铃声响起，豆豆高兴地冲出校门，坐车回家。一进家门，豆豆就扔下书包，直奔自己的宝贝玩具。妈妈闻声走过来，对豆豆说："怎么一到家就玩玩具？都这么大了，还玩这些！快别玩了，先去做作业。"听了妈妈的话，豆豆不情愿地拖着书包走进了书房，但一想到第二天能去小美家，他的嘴角又露出了笑容。

第二天，豆豆来到小美家。他一进门，小美就从一大堆玩具中跑过来迎接他。"天啊，你怎么有这么多好玩的！"豆豆惊叹道。小美一脸神秘地说："我这些都不算什么，我爸爸才厉害呢！"豆豆瞪大了眼睛，满脸疑惑。"不信我带你去我爸爸的书房，肯定让你大开眼界。不过，得先得到爸爸的允许。"说着，她看向坐在沙发上的爸爸。小美爸爸笑着说："今天豆豆来了，你们去书房看看吧。平时我都不让小美去的，怕她毛手毛脚，弄掉我的……"没等爸爸说完，小美已经拉上豆豆飞快地跑向书房。爸爸不放心，也赶紧跟了过去。

打开书房的门，映入眼帘的是满满一书架各色各样的动漫手办。豆豆立马被这些手办吸引了，惊讶地问："叔叔，这些都是您的吗？"小美抢着回答："没错，这些都是我爸爸的宝贝。"

第一单元
第二单元
第三单元
第四单元
第五单元

豆豆还是不敢相信，问道："叔叔，您都这么大了，还喜欢这些？"小美爸爸不好意思地说："我呀，平时工作忙、压力大，不忙的时候就喜欢玩这些手办，摆弄它们的时候我也能放松放松。"豆豆认真地听着，突然想起了什么，兴奋地对小美说："我妈妈房间里也有很多洋娃娃，下次你来我家，我也带你参观。""好的，一言为定！"小美高兴地回答。

回家路上，豆豆心想：原来大人心里也都住了一个长不大的"孩子"，太可爱了！于是，他开始盘算着回家怎么和妈妈沟通，好让妈妈允许自己玩玩具……

2. 讨论

（1）看到小美爸爸有那么多玩具，豆豆有什么感受？大人有自己的玩具正常吗？为什么？

_____

（2）豆豆这么大了还想继续玩玩具，怎么办？

_____

（3）除了有好奇之心，大人有没有依恋之心？

_____

（4）在你身边有没有这样童心未泯的大人？如果有，跟大家分享一下他们的故事吧。

_____

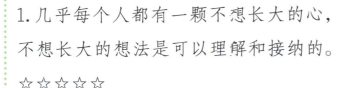

我真的学到了！

下面列出了这节课的主要内容，你都掌握了吗？请根据你掌握的程度给下面每项内容后面的☆涂色。

1. 几乎每个人都有一颗不想长大的心，不想长大的想法是可以理解和接纳的。
☆ ☆ ☆ ☆ ☆

2. 不想长大是因为对家人的依恋；是因为有孩子般的好奇和冲动，想痛快地玩；是因为怀念小时候无忧无虑的美好生活；是想暂时回避当下的困难。☆ ☆ ☆ ☆ ☆

3. 童心是美好的，是充满活力、乐于创造、开心快乐的，我们可以采取恰当的行动让它伴随我们一生。☆ ☆ ☆ ☆ ☆

我的练功房

七级功夫第一招：我有一颗不想长大的童心。

1. 练功目的

珍惜自己对父母等长辈和朋友的依恋之心以及对世界的好奇之心，永葆童心。

2. 练功要领

（1）体察自己对父母等长辈和朋友的依恋之心。

（2）体察自己对世界的好奇之心。

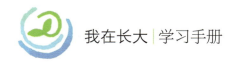

（3）接纳自己的童心萌动，并能合理行动。

把你的练功故事用文字或图画的形式记录下来吧。可以填写在下表中，也可以在下面的画卷上画出来。

我有一颗不想长大的童心·

	童心故事	恰当的行动
依恋之心		
好奇之心		

画出你的童心故事

我的学习和练功体会

你在学习和练功的过程中有什么体会和感悟？以文字或者图画的形式记录下来吧！

第一单元

第二单元

第三单元

第四单元

第五单元

第二课时　长大的快乐

学习目标

1. 充分感受和分享长大的快乐。
2. 体会在解决长大的烦恼的过程中得到的不一般的快乐。

我在长大

活动一　长大的快乐

1. 情景故事

豆豆长大了

升入六年级的豆豆又长高了许多，已经超过了妈妈。他经常帮妈妈拿她够不着的东西，还总爱和妈妈比个子。

爸爸这几天又去外地出差了，家里就剩下妈妈和豆豆。

这天放学，豆豆一进家门就看到厨房里妈妈半蹲在地上，手捂着肚子。豆豆赶紧跑过去，把妈妈扶起来。他看到妈妈脸色发白，额头上直冒虚汗，于是焦急地问："妈妈，您怎么了？"

"没事，就是突然感觉肚子不舒服，疼得厉害，可能是下班回来的路上着凉了，过一会儿应该就好了。"妈妈小声说。

"妈妈，我扶您去卧室躺会儿吧！"豆豆扶着妈妈走进卧室，又倒了一杯热水递给妈妈，说："妈妈，您先喝点热水暖暖肚子。今天您

不舒服，晚饭就由我来做吧。不过我不会做，您得指导我才行。"

妈妈也缓过来一些了，笑着答道："好的。"

于是，豆豆在妈妈的指导下开始忙活起来，虽然手忙脚乱，但他心里很高兴。当豆豆把熬好的小米粥端给妈妈时，妈妈端在手里闻了好久。吃着自己做的饭，豆豆觉得特别自豪。

第二天放学回家，豆豆很神秘地走到妈妈身边，拿出一个盒子对妈妈说："妈妈，这是我给您买的。"妈妈打开盒子一看，是电热水袋。豆豆继续说："这是我在家门口的超市里给您买的电热水袋，您肚子再疼的时候可以把它放在肚子上进行热敷，这样能减轻疼痛。"

妈妈听了，既感动又疑惑地问："宝贝，你是怎么想到的？哪儿来的钱？"

"记得小时候我肚子疼时您给我用过。家里那个旧的电热水袋已经坏了，我就给您买了个新的。我是用存钱罐里的零花钱买的。"

听了豆豆的回答，妈妈的眼眶有些湿润了。她抚摸着豆豆的头，由衷地说："好孩子，妈妈这一病才发现，我的豆豆真的长大了！"说完，妈妈露出了幸福又欣慰的笑容。此刻，豆豆在妈妈的怀里，感到无比快乐！

第一单元

第二单元

第三单元

第四单元

第五单元

2. 讨论

（1）妈妈为什么会说"我的豆豆真的长大了"？

_____

（2）在故事最后，豆豆为什么会感到"无比快乐"？你能体会到他的这种快乐吗？

_____

（3）长大的快乐还有哪些？

_____

活动二　长大的烦恼与不一般的快乐

1. 情景故事

小美的烦恼

这次数学考试小美考得不好，她十分难过。

回到家，她把成绩告诉了妈妈，本以为妈妈能安慰自己，没想到妈妈一看试卷就火冒三丈，斥责小美说："你考试的时候在想什么？有没有认真检查？都这么大了，怎么还这么不认真！你看，这道题你把 50 看成了 56，自己写的数都能看错，太马虎了！"小美忽然想起来，自己做这道题的时候走神了，因为想到了和小曼约定周末出去玩的事，可能就是这样出错的。现在想想，她真是后悔。

妈妈接着说："还有这道题，你之前不是做过吗，怎么还是错了？"小美看了看，苦着脸说："妈妈，这道题我就没弄懂，当时就是照着例题做的，碰巧对了。"妈妈生气地说："你不懂为什么不问呢？你已经上六年级了，是大孩子了，要对自己的学习负责，怎么可以不懂装懂糊弄自己呢？今后上了中学，学习任务会更重，对自己这样不负责是不行的！"

第一单元

第二单元

第三单元

第四单元

第五单元

小美有点委屈，心想：每次做完老师留的作业，还要再做一些课外习题，时间那么紧张，要是在一道题上耽误很多时间，晚上其他活动都得泡汤了……

"小美，你想什么呢？妈妈的话你听见了没有？"妈妈一脸严肃地问。小美觉得妈妈变了。小时候，周末妈妈都带她出去玩，但自从上了六年级，妈妈的态度就变了——考好了可以出去玩，考不好就不能出去了。妈妈还经常提上中学的事情，一想到中学任务更重，小美就很迷茫，觉得没什么期待……。刚发现妈妈这个转变时，小美还觉得很惊讶，后来，慢慢也习惯了。"但这次，我和小曼约好了呀！还能去吗？不能去的话，怎么对小曼说呢？"想到这儿，小美强忍着眼泪，内心有个强烈的声音："我想回到小时候！我想要快乐！我不想长大！"

当晚，小美把这件烦心事写在了日记里，题目是"长大的烦恼"。

2. 讨论

（1）上面的故事中，小美都有哪些情绪？这些情绪背后隐藏着哪些烦心事？

_____

（2）小美应该怎么面对这些烦心事？请你站在小美的角度，给她出出主意，填写在下页表中。

情绪	小美的烦心事	怎么面对

（3）如果小美的这些烦心事都解决了，她的心情会怎样？

_____

活动三　来到我的生活里

你有过在长大的烦恼中获得不一般的快乐的经历吗？

_____

我真的学到了！

下面列出了这节课的主要内容，你都掌握了吗？请根据你掌握的程度给下面每项内容后面的☆涂色。

1.长大的快乐是可以做一些原来不能做的事，是能自己做决定，是能给予他人幸福。长大的快乐还有许多，等着我们去发现和体验。☆☆☆☆☆

2.长大的烦恼和不一般的快乐都来自从无忧无虑到承担责任、从被照顾到能关心和照顾他人、从依恋到独立、从获取到给予、从被动到主动的转变过程。☆☆☆☆☆

3.面对长大过程中的烦恼，可以从需要密码和反应密码两个方面想办法解决。☆☆☆☆☆

我的练功房

七级功夫第二招：长大的快乐。

1.练功目的

充分感受并分享自己在长大过程中获得的快乐。

2.练功要领

（1）快乐的事越具体越好。

（2）快乐可以是在一切顺利中得到的快乐，也可以是遇到挫折并解决后获得的不一般的快乐。

第一单元　第二单元　第三单元　第四单元　第五单元

长大的快乐

用彩笔画出你长大的快乐吧。

我的学习和练功体会

你在学习和练功的过程中有什么体会和感悟？以文字或者图画的形式记录下来吧！

第二单元
我会温暖自己

第三课时　做自己的好朋友

学习目标

1. 学会在面对挫折、觉得自己一无是处时改变对自己的偏见，拥抱自己的所有，爱自己，做自己的好朋友。
2. 学会在平淡的生活中觉察和发现自己的"热爱"，让生活更充实。

我在长大

活动一　拥抱自己的所有

1. 情景故事

我真的一无是处吗？

运动会上，珊珊本来想好好表现，结果脚崴了，一瘸一拐的，加上这次考试没考好，她觉得自己一无是处。

回到家里，虽然爸爸妈妈眼神里流露出一些失望，但他们也没多说什么，珊珊觉得可能是爸爸妈妈不忍心说她吧。在学校里，同学们也照样找珊珊玩，但她就是提不起精神，也不愿意多说话。

又是一天放学了，珊珊走在回家的路上，一点精神都没有。好朋友小雨跑过来问："珊珊，你的脚好点了吗？"珊珊低着头没搭话。小雨陪着珊珊走了一会儿，要分开了，就对珊珊说："珊珊，我知道你没考好，不高兴，但你不能总这样呀！"看到好朋友这么关心自己，珊珊终于开口说："小雨，谢谢你的关心！但我觉得自己真没用，干什么都不行，真的不想说话……"小雨看着珊珊难过的样子，又帮不上忙，心里很着急。她对珊珊说："珊珊，我们是好朋友，但我一时也不知道该怎么帮你。你能不能对自己好一点，想想自己的优点，你不可能一无是处的！你最了解自己，要学会爱自己！"说完，小雨张开双臂抱了抱珊珊，然后离开了。小雨的举动让珊珊感觉很温暖，她不由得用双臂抱住了自己。小雨回头正好看见这一幕，她高兴地说："对！要多拥抱自己！"

珊珊问自己："我真的一无是处吗？不是的。我有小雨这样的好朋友，除了小雨，班里还有好几个同学是我的好朋友，这说明我人缘好。虽然我这次考得不好，但爸爸妈妈没有责怪我，我有温暖的家。虽然这次脚崴了，但我各个体育项目成绩都非常好的事实不会改变。我喜欢运动！在学习上，我数学进步很大，可能是因为我把太多时间用在了数学上，才导致其他学科成绩有些退步。这些情况，别人不知道，我自己是清楚的，我应该多鼓励自己呀！再说，成绩偶尔有些退步也是正常的，我不能为此一直责备自己，那对自己也太苛刻了！我要对自己多一些包容，更要相信自己！"

这样想着，珊珊心里温暖极了。她蹲下身去，心疼地揉了揉自己的脚踝，然后在路边长椅上坐下来，又使劲儿抱了抱自己，心中涌过一阵暖流。就这样，珊珊不再埋怨和嫌弃自己，成了自己的好朋友。她在心里又拥抱了一下自己，轻松地回家了。

第一单元

第二单元

第三单元

第四单元

第五单元

2. 讨论

（1）在故事的开头，珊珊有哪些负向情绪？后来，她的情绪是怎样变化的？

_____

（2）是谁让珊珊的情绪发生了改变？

_____

（3）在故事的最后，珊珊在心里拥抱了自己什么？

_____

（4）拥抱自己之后，珊珊会有什么感受？

_____

（5）珊珊有很多优点，为什么当时她会觉得自己一无是处呢？

_____

（6）为什么说珊珊成了自己的好朋友？

_____

活动二 记录自己的"热爱"

1. 情景故事

这一天真的没意思吗?

又是一天开始了,小亮被闹钟叫醒,懒洋洋地起了床。这时,他听到窗外叽叽喳喳的鸟叫声。又是那几只小鸟吗?它们在聊什么呢?小亮想着,走到窗边,看了看窗外的大树。天刚蒙蒙亮,正是睡觉的好时候,可他天天都得起这么早。唉!

妈妈已经准备好了早餐,喊道:"小亮,今天吃烙饼,可以配芝麻酱和豆浆,还有切好的苹果。"小亮觉得没睡够,也没有胃口。不过,烙饼的香味飘来,好像又有点诱人。

吃完早饭,妈妈开车送小亮到学校。出发时路上人还不多,很安静,到了学校门口可就热闹了,汽车都是插空就停,还好,家长们都很礼让,没发生什么意外。同学们背着书包走进学校,门卫叔叔和值班老师照常微笑着向大家问好。

第一节是早读课,大家齐声背诵古诗,一首接一首,天天如此。第二节是让小亮有点头疼的数学课。为了帮助小亮,老师让珊珊做他的同桌。珊珊经常问:"小亮,需要帮忙吗?"小亮对数学提不起兴趣,总是敷衍地说:"不用,谢谢!"好不容易到了小亮喜欢的美术课,老师让同学们画自己最喜欢的东西,小亮想了想,决定还是画小松鼠。小亮画过各种各样的小松鼠,都特别可爱,这些神态各异的小松鼠在班里的板报上都成明星了。上体育课了,老师让大家跳绳,可以一个人跳,也可以两个人组队跳。阳阳跑过来找小亮,提出想和他组队一起跳,小亮答应了,但他们两人总也跳不到一块儿去,只好又分开了。

放学回家,妈妈问小亮:"儿子,今天过得开心吗?"小亮想了想,好像没什么有意思的事情,淡淡地说:"一般吧。"

2. 讨论

（1）小亮这一天的主要情绪是什么？

_____

（2）小亮的这种情绪状况如果持续下去，会给他带来什么样的影响？

_____

（3）在看似平淡无奇的一天中，有些时刻小亮似乎还是有点开心的，你发现是哪些时刻了吗？

_____

（4）小亮的这种开心时刻是偶尔出现的吗？

_____

（5）小亮觉察到自己的"热爱"了吗？如果小亮能够觉察、发现并发展这些"热爱"，会对他产生什么样的影响？请你先回答问题，再填写后面的表格。

_____

记录小亮的"热爱"

觉察和发现小亮的"热爱"	发展小亮的"热爱"

活动三　来到我的生活里

你在日常生活中觉察和发现自己的"热爱"并想办法发展自己的"热爱"了吗？说一说你的经历吧。

我真的学到了！

下面列出了这节课的主要内容，你都掌握了吗？请根据你掌握的程度给下面每项内容后面的☆涂色。

1.面对挫折，觉得自己"一无是处"，既是情绪，也是偏见。☆☆☆☆☆

2.遇到挫折时要学会拥抱自己，接纳自己的不足，发现并肯定自己的优点，消除对自己的偏见。☆☆☆☆☆

3.当对某一事物的喜欢和它带来的开心不是偶尔出现，而是反复出现时，说明就是"热爱"。☆☆☆☆☆

4.要在平淡的生活中觉察、发现并发展自己的"热爱"，让生活更有意义，更幸福！☆☆☆☆☆

我的练功房

七级功夫第三招：记录自己的"热爱"。

1.练功目的

做自己的好朋友，记录自己的"热爱"，让生活更幸福。

2.练功要领

（1）在"觉察和发现自己的'热爱'"中填写你觉察和发现的自己的"热爱"，涂上你喜欢的颜色。

（2）在"发展自己的'热爱'"中填写你具体要怎么做以及需要什么支持，涂上你更喜欢的颜色。

记录自己的"热爱"

觉察和发现自己的"热爱"	发展自己的"热爱"	
	具体怎么做	需要什么支持

我的学习和练功体会

你在学习和练功的过程中有什么体会和感悟？以文字或者图画的形式记录下来吧！

第一单元

第二单元

第三单元

第四单元

第五单元

第四课时　做自己的小太阳

学习目标

1. 理解每个人都不是全能的，要以自己拥有的各种才能为能量，自信地面对自己的不足。

2. 理解有时候放弃并不意味着失败，放弃自己不擅长的能让自己有更多的时间和精力来发展自己的特长。

3. 体会将梦想作为大目标，然后将其分解为一个个小目标，有利于梦想的实现。

4. 体会在遇到困难时坚持自己的梦想就像在心里种下一个太阳。

我在长大

活动一　我有能量面对

1. 情景故事

小天该怎么办？

小天是个多才多艺的男孩儿，字写得漂亮，画画得好，跳绳跳得可快了。班里组织的各种活动他都积极参加。他还特别热情，乐于助人，人缘很好。

最近，学校组织合唱比赛，小天积极响应，报名参加了班里的合唱队。但是，在排练时，小天不是跑调儿，就是跟不上节奏，他自己都觉得很别扭。每次参加合唱排练前，小天都会紧张。他心里想：都报名参加了，可不能轻易放弃！可是，越这么想他就越紧张，越紧张跑调儿就越厉害。同学们都开始嘲笑他五音不全了，就连他的好朋友也觉得他这样会影响合唱队的表演，劝他退出合唱队。面对同学们的嘲笑和劝退，小天……

2. 讨论

（1）小天参加合唱队经历了哪些情绪变化？

（2）面对在合唱队遇到的困难，小天该怎么办？为什么要这么做？

（3）遇到自己解决不了的困难，放弃就意味着失败吗？小天该怎么面对自己的不足？

第一单元

第二单元

第三单元

第四单元

第五单元

活动二　在心里种个太阳

1. 情景故事

小早的梦想

　　小早一直有个梦想，那就是长大后当一名服装设计师。为了实现这个梦想，她给自己画了一幅画：一个中心写着"服装设计师"的太阳下面，画着三朵小花，上面分别写着"学习""绘画""动手"。小早用这幅画提醒自己：不仅要在学习上严格要求自己，提高自己的绘画能力，也要在生活中积极尝试旧衣服改造，锻炼自己的设计能力和动手能力。

　　有一天，妈妈想把一件褪色的旧卫衣扔掉，被小早拦下了。她想：既然我想成为一名服装设计师，就先拿这个练练手吧。于是，小早决定用这件旧卫衣做一个漂亮的手提包。说干就干，小早很快就完成了设计图，还拟订了制作规划表。

　　第一步，把卫衣的下半部分剪下来。完成第一步后，小早在制作规划表上画了一颗爱心，用以激励自己。第二步，给包底封口。小早先把针线穿好，然后开始缝包底。她把线缝在里面，这样线头不会露出来，显得整齐又漂亮。又完成了一步，小早在制作规划表上给自己画上了第二颗爱心。

到了第三步"缝拉链"时，小早遇到了困难。她缝了一晚上，怎么也缝不好。妈妈看见了，觉得小早不务正业——都六年级了，有这个时间还不如多看看书。妈妈的责备加上手提包的制作并不顺利，让小早很伤心。沮丧的小早在制作规划表上给自己画了一个问号。"手提包还能完成吗？我有成为一名服装设计师的天赋和能力吗？"小早开始怀疑自己。

第一单元

第二单元

第三单元

第四单元

第五单元

第二天，看到只完成一半就被丢下的手提包，小早有点不甘心，更不舍得放弃自己的梦想。小早想起姥姥家有一台缝纫机，赶紧拿起做了一半的手提包奔向姥姥家，向姥姥求助。姥姥说："我来帮你缝拉链吧，你还小，用不好这个缝纫机。"于是，小早选了一条拉链让姥姥来缝。姥姥踩着缝纫机底下的踏板，嗒嗒嗒嗒……，不一会儿，拉链就缝好了。小早开心地拿回缝好拉链的手提包，把制作规划表上的问号改成了爱心。

接下来是第四步——加提手。小早把卫衣帽子里的抽绳抽出来，又在包的两侧剪了两个洞，把绳子打结固定在洞里，这样，手提包的提手就做好了。最后一步，小早把卫衣上半部分的标识图案剪下来缝在手提包上，又找来几个好看的小徽章别上，终于大功告成！

　　小早兴奋极了，在制作规划表的最后给自己画了一颗巨大的爱心。看着自己设计、制作的手提包，小早感觉自己离梦想又近了一步。

2. 讨论

　　（1）小早为实现梦想都做了什么？

_____

　　（2）做一个手提包这么复杂，还遇到了困难，你觉得是什么让小早坚持下来的？

_____

活动三　来到我的生活里

　　你有什么梦想？在实现梦想的过程中你遇到了什么困难，又是怎么解决的呢？如果请你像小早一样为实现梦想给自己画一幅画，你会怎么画？

我真的学到了！

下面列出了这节课的主要内容，你都掌握了吗？请根据你掌握的程度给下面每项内容后面的☆涂色。

1. 有时候放弃并不意味着失败，每个人都不是全能的。☆☆☆☆☆

2. 要以自己拥有的各种才能为能量，做自己的小太阳，自信地面对自己的不足，驱散心中的乌云。☆☆☆☆☆

3. 放弃自己不擅长的可以让自己有更多的时间和精力来发展自己的特长。☆☆☆☆☆

4. 将梦想作为大目标，并将其分解为小目标，不断鼓励自己，梦想终会实现。☆☆☆☆☆

5. 遇到困难时要坚持自己的梦想，就像在心里种下一个太阳。☆☆☆☆☆

我的练功房

七级功夫第四招：在自己心里种一个太阳。

1. 练功目的

通过目标分解和自我鼓励，坚定不移地朝梦想进发。

2. 练功要领

（1）将梦想作为大目标，并将其分解为多个小目标。

（2）遇到困难时，不断鼓励自己，坚持梦想。

在自己心里种一个太阳

我的梦想	若干个小目标及行动规划	遇到的困难与自我鼓励

我的学习和练功体会

你在学习和练功的过程中有什么体会和感悟？以文字或者图画的形式记录下来吧！

第三单元
我要做决定

第五课时　自己做决定更好

学习目标

　　1. 理解只有根据自己真实的感受和需要做出的决定才是适合自己的。
　　2. 学会尊重大人，用事实和大人沟通，得到信任，争取自己的决定权。

我在长大

活动一　这件事让我做决定吧

1. 情景故事

公主裙风波

　　周末，小美和朋友们约好了一起聚餐。她开心地打开衣柜，拿出自己喜欢的一套运动服，正准备换上，妈妈走过来说："小美，你今天和同学聚餐，不穿公主裙吗？"小美还没反应过来，妈妈就拎出一条公主裙递给她："穿这件吧，你会是今天最漂亮的女孩儿。"

　　"妈妈，今天聚餐前我们还要一起玩儿，穿裙子活动很不方便，我想穿运动服……"小美还没说完，妈妈就打断了她："女孩儿穿裙子会更漂亮，相信妈妈的审美，我比你有经验。"小美嘟嚷着说："女孩儿就要穿裙子吗？那我不想做女孩儿了。"妈妈吃惊地说："做女孩儿多好，可以穿很多好看的衣服！你看看我的衣柜和你爸爸的衣柜，差别多大呀！"小美拗不过妈妈，无奈地穿上裙子和妈妈出门了。

到了公园，大家看到穿着公主裙的小美，都投来羡慕的目光，纷纷称赞她："小美，你穿这条裙子真漂亮！""好美的小公主啊！"小美挺起胸来，骄傲地看着大家，心想：妈妈还真是英明！

过了一会儿，大家一起玩起来。小美穿着公主裙跑也跑不快，跳也跳不高，稍微一动弹就憋得难受。于是，小美在心里吐槽："我宁愿穿运动服……好看有什么用！"

聚餐了，小美张罗着和伙伴们一起铺餐布、分食物，但穿着裙子干活真是不方便，忙了没两下，她就被小伙伴踩了裙子。小美只好退到边上看着伙伴们干活，心里又埋怨起来："这下倒是像公主了，什么忙也帮不上，像个木头公主！"

第一单元

第二单元

第三单元

第四单元

第五单元

因为没玩痛快，回家路上，小美一直苦着脸不说话。妈妈问："怎么了？你今天不是挺美的吗？"小美憋了一天，终于忍不住冲着妈妈嚷起来："您就知道美！好不容易出来玩一次，就因为穿了这条裙子，我玩得一点儿也不开心！"妈妈也生气了："你嚷嚷什么呀！我不都是为你好？刚到那儿的时候，大家不都夸你吗？"小美反驳道："那后来呢？我玩什么都不方便，都不痛快！"妈妈有点吃惊地看着小美，没说话。小美又嘟囔着说："反正以后穿什么衣服我自己定！"妈妈还是没吭声。面对这样的妈妈，小美觉得很无奈……

2. 讨论

（1）妈妈认为小美穿公主裙会更漂亮，你怎么看？

_____

（2）你觉得小美应该争取自己做决定吗？为什么？

_____

（3）小美和妈妈的沟通成功吗？为什么？

_____

（4）小美应该怎样和妈妈沟通？

_____

活动二 我自己做了一个决定

1. 情景故事

一本特殊的书

小亮喜欢读书，历史、文学、艺术……，各种书都读。小亮想读什么书，只要说一声，爸爸妈妈就会给他买。最近，小亮开始崇拜体育明星，觉得他们太帅了，因而也开始读拳击、篮球等运动类的书。买这些书，爸爸妈妈也很支持。有一次，小亮用自己的零花钱买了一本《爸爸说给青春期儿子的秘密话》，没和爸爸妈妈说。

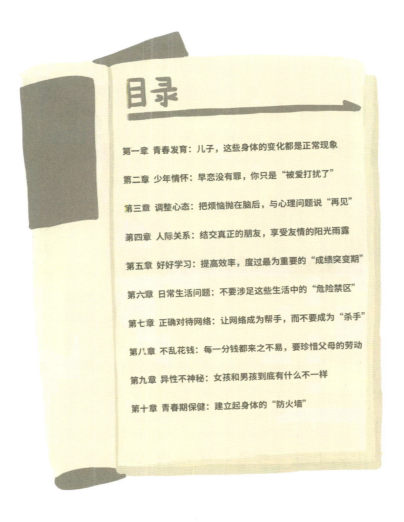

第一单元

第二单元

第三单元

第四单元

第五单元

　　一天，小亮放学回家，发现这本书在书桌上放着。"糟了！原来是放在被子下面的，怎么跑到书桌上了？"小亮回头看了看干净平整的床铺，立刻就明白了：肯定是妈妈整理的时候把书放到书桌上的。"这书……妈妈看到了会说我吗？"小亮心想："还是和爸爸妈妈说一下自己的想法吧。"

> 还是和爸爸妈妈说一下自己的想法吧。

晚饭后，小亮拿着书走到爸爸妈妈跟前，说："爸爸妈妈，我自己买了这本书，没跟你们说，是觉得有点不好意思。但是我又想了解这本书里的内容，就用零花钱买了。"

妈妈看到小亮不好意思的样子，马上说："小亮，对不起，妈妈不是故意拿你的书。这书是我整理你床铺的时候翻出来的。既然都翻出来了，我也不想假装放回去，就直接放在你的书桌上了。"

爸爸招呼他说："来，小亮，坐到爸爸身边。你已经长大了，身体有一些变化，爸爸早就应该和你聊聊了。你想更好地了解自己的身体，根据自己的需要买了这本书，这么做是对的。只要你能判断这本书讲的内容是不是科学的就行。"

小亮虽然知道爸爸妈妈很开明，但没想到他们会这么理解自己。小亮感激地对爸爸妈妈说："我是听了同学介绍，也看了网上的评价之后才买的，拿到书之后，看着也觉得挺好的。我想过，如果书的内容不健康，我就会立即扔掉它。你们放心，我会把握好的。"听了小亮的话，爸爸妈妈非常欣慰，对小亮的这个决定也都很认可。

2. 讨论

（1）你认为这本书特殊吗？

_____

（2）买这样的书，小亮可以自己做决定吗？

_____

（3）如果这本书没有被爸爸妈妈发现，小亮还要不要就自己买书这件事跟爸爸妈妈沟通？

_____

（4）为什么爸爸妈妈对小亮自己买书的这个决定这么认可？

_____

活动三　来到我的生活

关于自己做决定，请分享一件你印象深刻的事。

_____

我真的学到了！

下面列出了这节课的主要内容，你都掌握了吗？请根据你掌握的程度给下面每项内容后面的☆涂色。

第一单元

第二单元

第三单元

第四单元

第五单元

1.自己最了解自己的需要，因此，自己的事由自己做决定更好。☆☆☆☆☆

2.注意接纳和控制情绪，根据"你需要＋我需要"进行沟通，争取决定权。☆☆☆☆☆

3.决定权是我们在成长的过程中通过慢慢得到大人的信任而获得的。☆☆☆☆☆

4.自己做决定时若能得到他人的理解和支持，会让我们更幸福。☆☆☆☆☆

我的练功房

七级功夫第五招：自己做决定更好。

1.练功目的

理解有些事情只有自己最了解情况，所以需要自己做决定；学会沟通，争取决定权。

2.练功要领

（1）选择一件自己想做的事。

（2）想象一下如果把自己想做的事告诉父母，父母会做什么决定以及依据是什么。

（3）明确自己的真实需要和做决定的依据。

（4）和父母协商，争取自己的决定权。

自己做决定更好

我想做的事	父母可能做的决定及其依据	我的需要和做决定的依据	和父母协商，争取决定权

我的学习和练功体会

你在学习和练功的过程中有什么体会和感悟？以文字或者图画的形式记录下来吧！

第六课时　我这样做决定

学习目标

1. 理解做决定有两种情况：一种是目标的确定，一种是方法的选择。
2. 理解确定目标主要以自己内心的愿望、自身的优势劣势和外在条件为依据。
3. 理解选择方法主要看方法能否实现目标。
4. 体会当做出符合自己愿望的决定时，内心既是理性的，也是幸福的。

我在长大

活动一　目标决定我会做

1. 情景故事

到底该报什么班？

放学回家的路上，阳阳发现好朋友小亮皱着眉头，好像有心事。

"小亮，你怎么愁眉苦脸的？"阳阳关心地问。

小亮叹了口气，说："昨天晚上妈妈问我要报什么兴趣班，我喜欢画画，也喜欢弹钢琴，到底该报哪个班，我拿不定主意。"

阳阳笑着说："就这点事儿啊，两个班都报不就行了！"

"说得轻松，咱们都六年级了，平时学习任务重，同时上两个兴趣班，时间、精力都不够啊。就这一个兴趣班，还是我拼命争取来的呢！"

"那就选美术班。你画画那么好，美术老师也总夸你有天分。再说，你对画画多痴迷呀！课间经常看到你在教室里专心画画，我都不好意思打扰你。"

小亮低下头，叹了口气："可是弹钢琴我也不想放弃啊！弹起优美的曲子，我心情特别舒畅，什么烦心事都忘了。妈妈也说学弹琴好，能提升个人气质。"

听小亮这么说，阳阳也不知道该怎么办了。

"这样犹豫可不行，我得仔细分析一下，各方面因素都要考虑到，最后再做决定！"小亮说。

"还是你有办法！"阳阳佩服地说。

"得看看我在弹钢琴、画画这两件事上的优势和劣势。"小亮一边念叨，一边认真思考起来。

平时，小亮经常会想象自己弹钢琴时的美好画面，可实际情况却是：他手指不怎么灵活，节奏也老是把握不好，有时即使花了很长时间练习，也没有明显的提升；现在的钢琴老师也不是钢琴专业的，水平一般……，这些是学弹琴的劣势和不利条件。

那画画呢？小亮想：自己画画的劣势首先是想象力不那么丰富；另外，画水粉画调颜料时，常常手忙脚乱地折腾半天，也调不出自己想要的颜色。不过，美术老师说，这些都是可以通过练习改善的，而且相比刚开始画画时，他现在已经有了很大进步。至于画画的优势，那可就多了！小亮回想起美术老师的表扬，自己对画画的痴迷，不禁笑了起来。画画对他来说不仅仅是兴趣，更是内心的一种强烈愿望。不画画，简直吃不好睡不香

啊！而且，美术班的老师可是中央美院的高才生，课讲得生动有趣，多难得啊！

经过认真的对比分析，小亮清楚地认识到：还是学画画更适合自己。

小亮的脸上又露出了开心的笑容，不仅是因为解决了报哪个班的难题，更让他开心的是：他能通过分析，做出适合自己的决定了！

2. 讨论

（1）选择报钢琴班还是美术班时，小亮都考虑了哪些因素？

① "我"的愿望、喜好：＿＿＿＿＿＿＿＿＿＿＿＿＿＿

② "我"的优势：＿＿＿＿＿＿＿＿＿＿＿＿＿＿＿＿

③ "我"的劣势：＿＿＿＿＿＿＿＿＿＿＿＿＿＿＿＿

④ 外在因素：＿＿＿＿＿＿＿＿＿＿＿＿＿＿＿＿＿

（2）面对多种选择需要做决定时，小亮的态度是怎样的？

＿＿＿＿＿＿＿＿＿＿＿＿＿＿＿＿＿＿＿＿＿＿＿＿

（3）当小亮最终做出符合自己内心愿望的决定时，他会有什么感受？

＿＿＿＿＿＿＿＿＿＿＿＿＿＿＿＿＿＿＿＿＿＿＿＿

活动二　方法决定我能行

1. 情景故事

作文班的困扰

六年级了，小曼的作文成绩总是不理想。妈妈给她报的作文班已经上到第三期了，可她成绩还是没有提高。小曼开始认真思考怎样才能有效提高作文成绩。

星期天早上9点，妈妈第三次来催小曼起床去上作文班。

"妈妈，我不想再去上作文班了。上了这么多次，我作文成绩也没有提高，可见作文班对我提高成绩没什么帮助。"说完，小曼皱了皱眉头，把被子一拉，捂住了头。

妈妈听了，气得火冒三丈，一把掀开小曼的被子，生气地说："叫了几遍都不起来，还找理由，我看你就是偷懒不想去吧?!"

小曼一翻身坐起来，委屈地说："这您可真是冤枉我了！"她边说边从床边书桌的抽屉里翻出一个笔记本，递给妈妈："我根本没偷过懒，

每次上课我都认真听讲，还把老师讲的都记下来了呢，您自己看！"

妈妈接过本子翻看着，里面工工整整地记录着每节课的笔记。看来，小曼真的没有偷懒。妈妈的怒气消了一半儿。

"我已经连着上了三期作文课，花了好几千块钱，您最近都不舍得买新衣服了，"小曼心疼地说："上作文课费时费力，每次下课回到家，我都累得筋疲力尽，干什么都没精神。上了这么多节课，最近几次测试，我的作文成绩还是不理想。"

小曼说得很诚恳，也挺有道理。妈妈的心情逐渐平静下来："不上作文班，你有更好的提高成绩的办法吗？"

"方法我肯定能找到！是不是只要我找到合适的方法，就能不去上作文班了？"小曼满怀期待地问。

"好，那就给你一周时间。你要是真能找到提高成绩的好方法，作文班就可以不上了！"妈妈认真地说。

"太棒啦！一言为定！"小曼立刻来了精神。

说干就干！小曼找来几本关于怎样写好作文的书认真研究，可还是没什么头绪。她决定向好朋友小美求助。

周末，她把小美请到家里。小美认真读了小曼的几篇作文，皱了皱眉说："其实你的作文条理挺清楚的，就是描写时用的语言太干巴了，一点儿也不生动。你看咱们班月月的作文，总被当作范文让全班同学欣赏，她的描写就特别生动，你可以学学她的文章啊！"

周一早上一到校，小曼就找月月借来作文本，认真研究起来。月月的文章写得真是生动啊！一篇描写春天的作文，她能从视觉、嗅觉、听觉、触觉几个方面去刻画，让人读起来仿佛身临其境。

小曼突然领悟到：要想写好作文，光靠机械地听讲、记笔记是远远不够的，一定要有丰富的生活经历、真实的生活体验和生动形象的语言描绘做支撑。难怪自己上了这么多次课，成绩总也没有提高呢！

放学回到家，小曼迫不及待地冲到妈妈身边，跟她沟通自己想到的提高作文成绩的方法：多读书，积累好词好句；多体验生活，将自己的真实感受写进作文里；让语言描写更细致、更生动。小曼相信，做到了这些，作文成绩一定能提高！

妈妈很赞同小曼的想法，欣慰地说："宝贝，你真的长大了，会自己想办法解决问题了！"小曼搂着妈妈，开心地说："妈妈，以后有什么问题，咱们一定多沟通，您也要多给我机会自己做决定啊！"

2. 讨论

（1）小曼是怎样一步步做决定的？

① _____

② _____

③ _____

④ _____

⑤ _____

第一单元

第二单元

第三单元

第四单元

第五单元

（2）如果短时间内小曼的作文水平还是没有明显提升，那她的这个探索过程还有意义吗？为什么？

_____

（3）你觉得小曼做决定的过程中有哪些经验值得我们学习？关于做决定，你还有什么建议？

_____

（4）小曼做出自己的决定后是什么样的情绪？

_____

（5）本课中，小亮和小曼做的决定是同一种类型的吗？

_____

活动三　来到我的生活里

请联系自己的生活想一想：你有自己做决定的事吗？举例说一说。

_____

我真的学到了！

下面列出了这节课的主要内容，你都掌握了吗？请根据你掌握的程度给下面每项内容后面的☆涂色。

1.目标确定时，要根据目标和目前所用方法的效果之间的差距，发现问题，做出调整方法的决定。☆☆☆☆☆

2.在确定自己的发展目标时，要根据自己内心的愿望、自身的优势劣势和外在条件理性地做出决定。☆☆☆☆☆

3.做决定时要寻找事实依据，可以求助他人，也可以自己收集。☆☆☆☆☆

4.当做出符合自己内心愿望的决定时，我们会感到快乐和幸福。☆☆☆☆☆

我的练功房

七级功夫第六招：我这样做决定。

1.练功目的

学会理性而又幸福地做出自己的决定。

2.练功要领

（1）明确自己要做的决定是属于目标的确定，还是属于方法的选择。

（2）根据自己要做的决定的类型，尝试协调各个方面，综合、客观地做比较，最后做出决定。

我这样做决定

我要做决定的事		
此决定的类型	目标类 □	方法类 □
做决定的依据	1. 内心愿望 2. 自身的优势劣势 3. 外在条件 4. 亲友的建议	1. 方法是否能有效达成目标 2. 方法是否安全、可靠、有保障 3. 自我尝试，查阅资料，亲友的建议

第一单元

第二单元

第三单元

第四单元

第五单元

续表

协调各个方面，综合、客观地做比较		
做出最终的决定		

我的学习和练功体会

你在学习和练功的过程中有什么体会和感悟？以文字或者图画的形式记录下来吧！

第四单元

我有大智慧

第七课时　小聪明变大智慧

学习目标

1. 理解小聪明和大智慧的区别。
2. 感受大智慧带来的不一般的快乐与幸福。

我在长大

活动一　改变了主意

1. 情景故事

圆满的句号

随着春季运动会一天天临近，各班运动员都在课余时间抓紧训练。大课间时，原来要参加400米接力赛的壮壮走到队友们中间宣布："因为要准备钢琴考级，所以我决定退出这届运动会了！"在这个节骨眼上，听到这条"爆炸性"新闻，队友们炸开了锅。

队长浩浩忍不住大声说道："下周就要开运动会了，你居然现在当逃兵！"壮壮一听"逃兵"，立刻反击道："我是去准备比运动会更重要的钢琴考级，你懂什么！"月月走上前制止道："你们别互相抱怨了，大家一起想想办法吧。"小天见状立刻献上计策："400米接力赛咱们换人！"浩浩叹了口气说："换人？你说得轻松，报名表早就交到

学校了，怎么换？"小天眼珠一转，笑着说："私下找人顶替呗，反正咱们不说，别人也不知道。"月月急忙阻止："不行不行，找人顶替的办法不好，要是其他班同学知道了，会议论咱们的。"月月看看大家，接着又说："我们不能有侥幸心理，万一被发现，不仅会影响咱们班在学校的形象，也违背了运动会公平、公正的宗旨呀！"队友们纷纷点头表示赞同。

月月想了想，对壮壮说："壮壮，还有一个星期就要开运动会了，这可能是咱们小学生活中最后一次集体活动了，你和爸爸妈妈商量一下，合理安排接力赛训练和练琴的时间，还是和我们一起参加运动会吧。我们都需要你的加入！"浩浩也冷静下来，和队友们一起附和着："是啊，我们需要你的加入！"壮壮听了大家的话，决定和大家一起参加运动会。他调整了练琴和参加训练的时间，同时兼顾了运动会和钢琴考级，给美好的小学生活画上了圆满的句号。

2.讨论

（1）听到壮壮宣布要退出运动会，浩浩、小天和月月各有什么反

第一单元

第二单元

第三单元

第四单元

第五单元

应？他们的反应有什么不同？

（2）为什么说他们最后的做法"给美好的小学生活画上了圆满的句号"？你觉得"圆满"体现在哪儿？

活动二　水滴石穿

1. 情景故事

慢　就　是　快

奇奇从小爱好书法，期待能像老师一样写出一手漂亮的毛笔字。记得初学书法时，他看着高老师在黑板上写范字，一横一竖、一撇一捺，笔画遒劲有力，字形端正，再看看自己的字，笔画留下的墨迹有深有浅，还出现了一排参差不齐的锯齿……。奇奇性子急，想赶紧写出一手漂亮的字，于是就开始摹写老师的字，但只要脱离范字，以前的问题就又回来了。

书法课上，奇奇认真地问："高老师，为什么我写出的字会有一排锯齿呢？"高老师耐心地回答："你还小，手腕的力量不够，如果写字时在手腕处系个小沙包，再多加练习，慢慢就会好转的！"

听了老师的话，奇奇每次练字时都在自己的手腕处系上一根细绳，细绳下面坠着一个小沙包，锻炼腕力。经过一天天练习，奇奇写字时笔画中的锯齿不见了，但捺这一笔写出来还是缺少美感。有什么好办法可以解决呢？他再次去请教老师。面对这个勤学好问的徒弟，高老师一边示范一边说："捺画的

难点在于要写出'一波三折'。书写时，起笔要轻，然后向右下方缓缓行笔，逐渐加重，再转笔向右方出锋。你作为初学者，要反复练习、用心体会，感受运笔的细微变化。"说时容易做时难。奇奇一开始练习时，不是写得太平直，就是下笔轻重颠倒，但他一点儿也不气馁。经过一次又一次练习，奇奇不仅学会了捺的写法，还发现了捺的不同变化——平捺、斜捺、反捺。

就这样，奇奇一边写字，一边思考，不断发现自己的不足，不断寻找改进办法。终于，奇奇的字变得遒劲有力、飘逸飞动。

2.讨论

（1）奇奇的愿望是什么？在努力实现愿望的过程中，他经历了哪些情绪变化？

___

（2）你觉得故事名"慢就是快"想要表达什么？

___

活动三　来到我的生活里

你有没有类似的"顾全大局"或者"慢就是快"的大智慧？请跟大家分享一下吧。

第一单元

第二单元

第三单元

第四单元

第五单元

我真的学到了！

下面列出了这节课的主要内容，你都掌握了吗？请根据你掌握的程度给下面每项内容后面的☆涂色。

1.只看眼前、投机取巧、想走捷径、存在侥幸心理是小聪明，耍小聪明将会后患无穷。
☆☆☆☆☆

2.目光长远、顾全大局、公平公正、有情有义是大智慧，这样的大智慧让我们安心、幸福。☆☆☆☆☆

3."慢"就是耐下心来，仔细观察细节，寻找有效办法，反复思考和实践。☆☆☆☆☆

4."慢就是快"也是大智慧。这样的大智慧能让我们踏实，让我们获得真正的成长，带给我们快乐。☆☆☆☆☆

我的练功房

七级功夫第七招：小聪明变大智慧。
1.练功目的
学会用大智慧解决问题，体会大智慧带来的不一般的快乐与幸福。
2.练功要领
（1）说明遇到的问题。

（2）反思自己解决问题的方法是小聪明还是大智慧。

（3）如果自己解决问题的方法是小聪明，就要改成大智慧。

（4）体会大智慧带来的情绪感受。

小·聪明变大智慧

我要解决的问题	解决问题的方法	小聪明变大智慧	情绪感受

我的学习和练功体会

你在学习和练功的过程中有什么体会和感悟？以文字或者图画的形式记录下来吧！

第八课时　智慧地长大

学习目标

　　1. 知道智慧不仅体现在学业发展和人际交往上，还包括身体健康和生活技能，这些共同构成一个人的生活图景，使我们能智慧地生活、智慧地长大。

　　2. 了解并能画出自己的生活图景，让自己各方面协调发展。

　　3. 善于在合作中通过观察与倾听，发现并汲取他人的智慧，促进自己成长。

我在长大

活动一　我的生活图景

　　1. 情景故事

小亮的一天

　　小亮上五年级了，他学习刻苦，成绩好，朋友也不少。

　　2020 年春天，受新冠肺炎疫情的影响，小亮开始了居家学习生活。小亮的爸爸妈妈出于工作原因，不得不去上班，晚上六七点才能回家。平时都是爸爸妈妈照顾小亮，突然要他自己照顾自己，妈妈很不放心，一再叮嘱他。小亮说："妈妈，您放心吧，这些都是小菜一碟。"

独自在家的第一天上午，小亮认真完成了学习任务，心里美美的。接着，他在线上跟小伙伴交流了读书心得和家里的趣事，也很开心。

到中午了，小亮从冰箱里取出妈妈提前给他做好的饭菜，准备加热一下当午餐。他拿出妈妈留给他的纸条，打算按照上面的步骤来做。开始时，小亮很有信心。从没摸过燃气灶的他，学着妈妈的样子开始打火。"奇怪，怎么打不着呢？之前看妈妈做，很简单啊！"小亮一边尝试，一边嘀咕，试了好多次都没成功。妈妈嘱咐过，用燃气时千万注意别漏气。想起漏气，他似乎闻到了一股奇怪的气味，心里开始害怕起来。结果，越怕越打不着火，小亮急得满头大汗。他给妈妈打电话，又试了几次，还是不行。妈妈说："太危险了，你不要再试了，快开窗通风吧。"就这样，小亮没吃上午餐，只吃了些饼干、喝了点热水充饥。

下午第一节是美术课。画画时，小亮不小心打翻了颜料盘，颜料洒得到处都是，他身上漂亮的白格子T恤更是弄得惨不忍睹。小亮换下衣服，心想：必须处理干净，要不妈妈回来一定很生气。于是，他赶紧把弄脏了的T恤和桌布一起扔进洗衣机去洗，想着等洗完拿出来晾一下就好。谁知，洗完拿出来一看，T恤怎么变了颜色？这下惨了……

从中午到下午，小亮一直在忙活，网课也没好好听。

晚上，妈妈终于回来了。她看看乱糟糟的屋子，又看看憔悴的小亮，既心疼，又哭笑不得。小亮沮丧极了，把憋了许久的不快与委屈向妈妈一股脑儿"倒"了出来。

妈妈先是安慰了小亮，然后，边收拾边教了小亮几个使用洗衣机的小常识。做晚饭时，妈妈手把手地教小亮使用燃气灶的方法。学会之后，小亮的心情好些了。

晚饭后，像往常一样，小亮和爸爸一起锻炼身体。打乒乓球、跳绳他都很在行，爱锻炼的好习惯使小亮在居家学习期间也能保持身体健康。看到爸爸妈妈竖起大拇指，他开心地笑了……

2. 讨论

（1）小亮这一天过得好吗？

_____

（2）小亮这一天中有抑扬顿挫的情绪舞蹈吗？

_____

（3）如果你是小亮，此时你应该怎么跳"顿"和"挫"的情绪舞蹈？

_____

（4）回顾整个故事，想一想：小亮这一天有没有值得肯定的地方？你对此有什么新的感悟？

_____

3.绘制我的生活图景

学业发展、人际交往、身体健康与生活技能这四个方面共同构成一个人的生活图景。我们每一天过得好不好，与这四个方面是否协调有关。

你了解自己当前的生活图景吗？在这四个方面，你有哪些优点和不足？请你在下面的四叶草上写一写，在绿色部分写上你的优点，在白色部分写上你的"美中不足"，然后和同学一起分享吧。

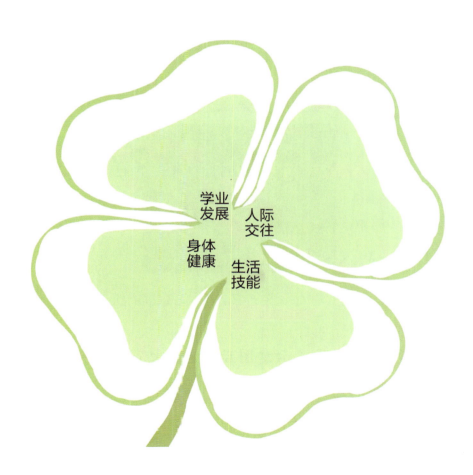

第一单元

第二单元

第三单元

第四单元

第五单元

活动二 借我一双"慧眼"

1. 情景故事

借我一双"慧眼"

数学课上，老师给出这样一道题目，请同学们思考：

晨光小学原来有一个长方形操场，长50米，宽40米。扩建校园时，操场的长增加了10米，宽增加了8米，请问：操场的面积增加了多少平方米？

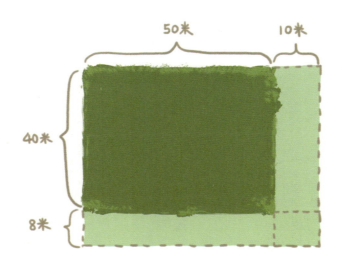

老师引导同学们观察了示意图后，提示大家可以用多种方法解这道题。同学们根据题意在原图上画出了增加的部分。此时，大家解决问题的兴趣很浓，纷纷开始思考和演算。

浩浩心想：这道题太简单了！算出长、宽增加后的总面积，再减去原来的面积不就可以了？他快速列式，算出得数，然后得意地左右张望，看其他同学是不是算出答案了。

小曼也很快想到了浩浩用的这种方法，但是她想：老师提示大家有多种解题方法，是不是还有更简便的方法？于是，小曼没有停止思考，而是继续想其他解题方法。忽然，她灵机一动，想到另一个巧妙的解法，露出了开心的笑容。

小雨也想到了浩浩用的那种方法，通过观察示意图，她还想出另一种解法。她用两种方法进行了计算，得数是一致的。看还有时间，小雨又陷入沉思：会不会还有别的解法呢？

思考时间到，数学老师请同学们说说自己的思路。浩浩第一个举手回答，老师表扬他说："浩浩的思路清晰，计算正确，特别好！"听到老师的表扬，浩浩得意扬扬地坐下了。

"还有别的解法吗？"老师问。

看到小雨举手，老师请她回答。小雨不紧不慢地说："根据示意图，我们可以在计算由长的增加带来的面积增加时也考虑宽的增加，在计算由宽的增加带来的面积增加时也考虑长的增加。这样，图中右下角小方块部分的面积就多算了一次，所以在计算增加的面积时，要减去一个右下角小方块部分的面积，列式为：$(50+10)×8+(40+8)×10-10×8$。"老师说："你能结合示意图思考，思维缜密，不错。"

浩浩有点不明白，心想：啥意思啊？这么简单的题目，小雨干吗整这么复杂？

"还有别的解法吗？"老师试探着问。

这时，小曼自信地举起手，老师请她回答。

小曼说："老师，我还发现一种方法，可以直接计算图中增加部分的面积。长增加10，增加了$10×40$的面积；宽增加8，增加了$8×50$的面积；再加上图中右下角小长方形的面积$8×10$，就是总共增加的面积，这样也很简单呢。"很多同学都给小曼竖起了大拇指。小雨听得尤其认真，她觉得小曼这种方法又巧妙又简便。

　　这时，下课铃响了。同学们纷纷走出教室，去操场上活动。小雨没有马上离开，她拿出笔记本，把几种方法认真记下来。写到小曼的方法时，她一边写一边琢磨：我怎么没想到呢？

小曼的方法真妙啊，我要好好学习一下！

　　小雨边写边思考，全都写完后，她收拾起本子，开心地走向操场……

2.讨论

（1）你觉得这节课下来，谁的进步会更大？这对你有什么启发？

_____

（2）你身边有像小曼这样表现智慧的同伴吗？当发现他人展示出超过你的智慧时，你会怎么想、怎么做？

_____

_____

我真的学到了！

下面列出了这节课的主要内容，你都掌握了吗？请根据你掌握的程度给下面每项内容后面的☆涂色。

1.学业发展、人际交往、身体健康和生活技能四个方面共同构成我们的生活图景，缺一不可。只有生活图景的各个方面协调发展，我们才能更从容地学习和生活。☆☆☆☆☆

2.反思自己，不仅要看到自己的不足，也要看到自己的优势，努力让自己生活图景的各个方面协调发展。这是一种生活的大智慧。让我们在各方面的协调发展中，更加智慧地长大。☆☆☆☆☆

3.善于观察和倾听是一种智慧，能让我们超越自我、获得成长。☆☆☆☆☆

4.通过观察和倾听，我们能发现并汲取他人的智慧，努力完善自己、提升自己，让自己变得更智慧。☆☆☆☆☆

我的练功房

七级功夫第八招：借我一双"慧眼"。

1. 练功目的

在观察和倾听中，发现并汲取他人的智慧，促进自己快乐成长。

2. 练功要领

（1）学会观察和倾听，发现他人的智慧。

（2）通过自我反思，学习运用这样的智慧。

（3）体会以他人智慧促进自己成长带来的快乐。

借我一双"慧眼"

我的做法 与想法	通过观察和倾听 发现他人的做法 与想法	体会他人的 智慧	尝试运用他人的 智慧	我的情绪 和体会

健康宣言

　　学生健康自我成长课程的第七册《我在长大》我们已经全部学完了。在学习这本书的过程中，我们在长大，又探索了如何更加快乐、自信、独立、智慧地长大。让我们共同牢记后面的成长箴言，与正在长大的自己牵手，向着梦想，自信飞翔！

成长箴言

愿留童心永美好，

期许长大乐担当。

拥抱所有享热爱，

自信逐梦沐暖阳。

勇敢决定会沟通，

巧用方法心舒畅。

大智若愚懂坚持，

协调图景智慧帮。

乐长大，慧成长，

爱我心，梦飞扬。

我_____要牢记和掌握成长箴言，快乐、自信、独立、智慧地长大！

宣誓人：_____

_____年_____月_____日

我的学习和练功体会

你在学习和练功的过程中有什么体会和感悟？以文字或者图画的形式记录下来吧！

第五单元

"大功告成":
我的练功单元

第九课时 "我这样做决定"练功分享

学习目标

1. 学会理性而又幸福地做决定。
2. 针对做决定时遇到的困难找到解决办法。
3. 体会在不断做决定的过程中，自己在获得成长。

我在长大

活动一 练功分享

现在，请打开"我这样做决定"练功单，跟同学分享一下自己的练功成果。

"我这样做决定"练功单

我要做决定的事		
此决定的类型	目标类　　□	方法类　　□
做决定的依据	1. 内心愿望 2. 自身的优势劣势 3. 外在条件 4. 亲友的建议	1. 方法是否能有效达成目标 2. 方法是否安全、可靠、有保障 3. 自我尝试，查阅资料，亲友的建议

协调各个方面，综合、客观地做比较		
做出最终的决定		

1. 小组分享

（1）请你选择自己的一次练功在组内进行分享。

（2）组内其他同学分享后，请你选一个同学的练功故事，说一说：在他的练功故事中，哪个情节你印象最深？你感受到了什么？这对你的练功有什么启发？

2. 全班分享

请对照练功目的，说说你做的决定是不是一个理性又幸福的决定，如果是，理性和幸福分别体现在哪儿。

活动二　做决定时遇到的困难与解决办法

在自己做决定的练功过程中，你都遇到了什么困难？又是怎样解决的？请根据自己的情况填写后面的表格。

我要做决定的事	此决定的类型 （目标类／方法类）	遇到的困难	解决办法

活动三　我真的长大了

在做决定的过程中，你觉得自己在哪些方面获得了成长？具体说一说。

_____

附件

"我这样做决定" 练功单

我要做决定的事		
此决定的类型	目标类　□	方法类　□
做决定的依据	1. 内心愿望 2. 自身的优势劣势 3. 外在条件 4. 亲友的建议	1. 方法是否能有效达成目标 2. 方法是否安全、可靠、有保障 3. 自我尝试，查阅资料，亲友的建议
协调各个方面，综合、客观地做比较		
做出最终的决定		

"我这样做决定"练功单

我要做决定的事		
此决定的类型	目标类 □	方法类 □
做决定的依据	1. 内心愿望 2. 自身的优势劣势 3. 外在条件 4. 亲友的建议	1. 方法是否能有效达成目标 2. 方法是否安全、可靠、有保障 3. 自我尝试，查阅资料，亲友的建议
协调各个方面，综合、客观地做比较		
做出最终的决定		

"我这样做决定"练功单

我要做决定的事		
此决定的类型	目标类 □	方法类 □
做决定的依据	1. 内心愿望 2. 自身的优势劣势 3. 外在条件 4. 亲友的建议	1. 方法是否能有效达成目标 2. 方法是否安全、可靠、有保障 3. 自我尝试，查阅资料，亲友的建议
协调各个方面，综合、客观地做比较		
做出最终的决定		

第一单元
第二单元
第三单元
第四单元
第五单元

第十课时　"借我一双'慧眼'"练功分享

学习目标

1. 感悟他人的智慧及其来源，感受借他人智慧促进自己成长所带来的快乐。

2. 理解深入观察、反复实践、不断反思是运用他人智慧促进自己成长的关键。

3. 体会借"慧眼"可以运用在自己生活图景的各个方面，使自我更协调，让生活更美好。

我在长大

活动一　练功分享

1. 小组分享

请你选择一个自己的练功故事在小组内进行分享。

2. 全班分享

请听完分享后说一说：你对谁的分享印象最深刻？为什么？

活动二 "借我一双'慧眼'" 练功的关键与步骤

他人的智慧不是拿来就能用的，能不能运用他人的智慧与什么有关呢？

1. 借他人智慧的关键之一

（1）有同学说，他照着伙伴的方法做了，但是并没有对方做得那么好，于是觉得这方法不适合自己，就放弃了。你遇到过类似情况吗？为什么会这样呢？请举例说一说。

_____

（2）怎样才能真正看清他人的好想法、好做法呢？

_____

2. 借他人智慧的关键之二

深入观察之后，我们该怎么做？

_____

3. 借他人智慧的关键之三

在我们借他人智慧的行动中，难免会出现一些问题，这时该怎么办？

_____

4. 借他人智慧的步骤

我们可以将借他人智慧的过程简洁地概括为"观察—实践—反思"三个步骤。请你选择一次不太理想的练功，结合下表进一步提升练功效果。

第一单元

第二单元

第三单元

第四单元

第五单元

"借我一双'慧眼'"反思练功单

	我的做法与想法	通过观察和倾听发现他人的做法与想法	体会他人的智慧	尝试运用他人的智慧	我的情绪和体会
首次练功					
进一步练功	1. 多次全面、仔细地观察他人是怎样做的，甚至询问对方的想法和做法，寻找智慧来源			2. 在实践中反复运用他人的智慧	3. 不断反思，改进自己的做法

活动三　反思自己的生活图景

　　我们的生活图景包括学业发展、人际交往、身体健康和生活技能四个方面。请你想一想：在前面几次练功中，你学到的他人的智慧分别属于哪个领域？对此你有什么发现？

附件

"借我一双'慧眼'"练功单

我的做法与想法	通过观察和倾听发现他人的做法与想法	体会他人的智慧	尝试运用他人的智慧	我的情绪和体会

"借我一双'慧眼'"练功单

我的做法与想法	通过观察和倾听发现他人的做法与想法	体会他人的智慧	尝试运用他人的智慧	我的情绪和体会

第一单元

第二单元

第三单元

第四单元

第五单元

"借我一双'慧眼'"练功单

我的做法与想法	通过观察和倾听发现他人的做法与想法	体会他人的智慧	尝试运用他人的智慧	我的情绪和体会